POEMARIO

EN

NOMBRE

DEL AMOR

ROBERT MAXIMILIAM

2019

POEMARIO

«EN NOMBRE DEL AMOR»

ISBN 978-1-988475-82-0

INTRODUCCION

El poemario «En nombre del amor» nace bajo el encanto de un susurro inspirado por mi amada. Un verso de almohada que, en noches de pasión, enmudece el tiempo para hablar de ilusión. En esos momentos que me vuelvo firmamento pintando estrellas para decorar mí adentro; que me transformo, en centella para iluminar el viento que en su alma suele maravillarse. En el nombre de la palabra, más hermosa que mi espíritu es capaz de armonizar plasmo mi sentimiento.

Robert Maximiliam

POEMARIO

«EN NOMBRE DEL AMOR»

INDICE

INTRODUCCION

DESCRIPCION DEL ESCRITOR

OTROS POEMARIOS

EN

NOMBRE

DEL

AMOR

1- EN MIS AÑOS MOZOS

Robert MAXIMILIAM

En mis años mozos.

El tiempo se esfumaba con el viento.

El verso se adornaba del silencio

Y mi voz, carecía de sentimiento.

En mis años mozos.

Descubrí, la gloria de un beso,

La memoria de un fracaso

Y en el filo de un flechazo, me dormí.

En mis años mozos.

Seguía poemas con diademas,

Rondaba lunas en otoños,

Mirando, sirenas, a través de mi ventana.

En esos años de ensueño,

Recordados, por ser desbocados,

Anidaba, mis locuras, enlazadas con mi almohada.

Detestaba el silencio,

Admiraba al violento,

Y buscaba, las estrellas para ser como ellas.

En mis años primorosos,

Fui un tunante, un buen mozo;

Capitán de una aventura que, jamás, tuvo cintura.

Fui final, sin ser principio;

Arrogante, en la nada que, acabo, siendo tonada.

En mis años mozos.

Fui un, valiente, caballero que, peco, por ser ligero;

Fui, suspiro, caprichoso atorado un jilguero.

En mis años mozos.

Colgué pecados, a cada lado; dejé, olvidado, los llamados

Y me olvidé de perdonar, siendo pecado.

2- EN NOMBRE DEL AMOR

Robert MAXIMILIAM

¡En nombre del Amor!

Yo, te pido: amor.

Que seamos amor,

Un, solo amor.

¡En nombre del Amor!

Yo te pido: paz.

Que, seamos, más:

Buscando, la paz.

Au nom de l'amour!

S'il vous plaît: amour.

Soyons, l'amour;

Un petit peu, d'amour.

Au nom de l'amour!

Soyons, le soleil

Dans, l'obscurité

Pour l'humanité.

In the name of love

Stop the war,

Stop the figth,

And work, for the love.

In the name of love

Give me one chance

For to see

The children of my children.

JUNTOS, PODEMOS SER MÁS;

PODEMOS SER PAZ,

SI PONEMOS, AMOR.

ENSEMBLE, TOI ET MOI,

FERONS DIFFERENCE,

S'Y METTONS DE L'AMOUR.

TOGETHER, WE ARE MORE,

WE ARE PEACE,

WE ARE LOVE.

3- EN UN RINCÓN DEL ALMA
Robert MAXIMILIAM

¡En un rincón del alma!

Tengo, escondido, el primer beso que te robé.

Tengo encendida, aquella vela que nos iluminó;

Tengo recuerdos que son, suspiros de nuestro amor.

¡En un rincón del alma!

Tengo, guardado, ese llamado del corazón.

Tengo, marcado, como sagrado, tu soñar.

Tengo recuerdos que son, suspiros de nuestro amor.

EN ESE RINCÓN,

GUARDO TUS BESOS;

LOS DULCES MOMENTOS,

Y EL ECO DE TU CALIDEZ.

EN ESE RINCÓN,

CUELGO TU BOCA;

EL BRILLO DE TU PELO

Y EL VERSO DE TU DESNUDEZ.

¡En un rincón del alma!

Tengo, sembrado, la luz de tu calma, en mi amanecer.

Tengo, enmarcado, la cima de tu llama, quemándome, la piel;

Tengo recuerdos que son, suspiros de nuestro amor.

4- ES UN MILAGRO DE AMOR

Robert MAXIMILIAM

No seas «Tomás» que necesitas, mirar para creer.

Los Milagros de la vida pasan, siempre y sin medida;

Los milagros del amor, nunca dejan de nacer.

Es un milagro de amor

Cuando, despiertas al amanecer;

Cuando, respiras por primera vez;

Cuando, descubres el color de la creación.

Es un milagro de amor

Cuando, caminas sin ayuda alguna;

Cuando, hablas y el mundo escucha;

Cuando, callas y el silencio, te habla.

Es un milagro de amor

Cada, rocío que nos cae del cielo,

Cada, estrella y su dulce brillar;

Cada, flor en cualquier lugar.

Tengo que aprender a sorprenderme.

Sin necesidad de magia ni espectáculo;

Sin necesidad de fiestas y luces;

Sin cámaras ni videos.

Un milagro de amor, es:

Despertar cada mañana,

Saludar al mundo

Y respirar, sintiéndome vivo.

Un milagro de amor, es:

Tener que comer,

Poder caminar y estar en salud.

Un milagro de amor, es:

Poder llorar,

Poder amar y poder ser, solidaridad.

5- ESTA NOCHE

Robert MAXIMILIAM

¡Esta noche!

Quiero estar, contigo.

¡Esta noche!

Quiero, ser más que, tu amigo.

Entregarme, como nunca;

Seducirte, sin preguntas;

Enamorarte, hasta morir… de amor.

¡Esta noche!

Quiero estar, contigo.

¡Esta noche!

Quiero amarte, sin motivo.

Conquistarte, la mirada;

Musitarte, mientras, callas;

Derretirte, el miedo, al amor.

¡Esta noche!

Será una noche, especial;

Haré que brillen, las estrellas, en tus ojos;

Haré que suba, la marea de tu cuerpo;

Haré que vibres… de emoción.

¡Esta noche!

Será una noche, mágica,

Haré que el tiempo, se detenga, en un beso;

Haré que el verso sea, beso de un deseo;

Te haré volar entre las estrellas.

¡Esta noche!

Será una noche, para amar;

Quiero amarte, suavemente;

Enloquecerte, con las manos.

Quiero amarte, eternamente,

Ser tu amante…ser tu amo.

6- ESTOY PENSANDO EN TI

Robert MAXIMILIAM

ESTOY PENSANDO EN TI.

Y tu imagen, se vuelve realidad.

ESTOY PENSANDO EN TI.

Y mi corazón, se goza en tu presencia.

CUANDO PIENSO EN TI.

Me vuelvo, un suspiro del amor.

Y HOY, PIENSO EN TI

Volviéndome, un capricho del amor.

Y HOY, PIENSO EN TI.

Volviéndome, un capricho de tu amor.

ESTOY, PENSANDO EN TI.

Y MI ALMA, SE GOZA EN TU PRESENCIA.

ESTOY, PENSANDO EN TI.

Y MI ESPÍRITU, SE INUNDA DE EMOCIÓN.

TÚ, ME HACES BIEN,

ME COLMAS DE GOZO, LA EXISTENCIA.

TÚ, ME HACES BIEN,

Y TU PRESENCIA…

ES EL ELIXIR DE MI CORAZÓN.

7- ETERNAMENTE AGRADECIDO

Robert MAXIMILIAM

Estoy,

Eternamente, agradecido;

Por haberte conocido, porque estás en mí existir.

Estoy,

Humildemente, enamorado;

De tu amor ser el esclavo y un reflejo de tu amor.

Estoy,

Cándidamente, ilusionado;

Caminando a tu lado, suspirando por tu amor.

Aunque, sé

Que el amor es, cruel;

Cuando, no es correspondido;

Cuando, cae en el hastío,

Cuando, deja de soñar.

Pero sé que el amor es, fiel;

Cuando, siente que es, verdad;

Que, lo avala, la ilusión;

Que suspira en libertad.

Estoy, eternamente, agradecido;

Porque me siento, bendecido;

Porque te tengo, junto a mí.

8- HAS SIDO TÚ
Robert MAXIMILIAM

¡Has sido, tú!

El amor que me ha hecho soñar.

¡Has sido, tú!

El amor que ha puesto alas a mi ilusión.

¡Has sido, tú!

La bendición de Dios.

¡Has sido, tú!

El amor en cuerpo y alma;

¡Has sido, tú!

El deseo vestido de realidad

¡Has sido, tú!

Más que el verbo, amar.

¡HAS SIDO TÚ! SOLO, TÚ.

EL CONCAVO Y CONVEXO DE MI VIDA.

¡HAS SIDO TÚ! SOLO, TÚ.

EL VERBO Y LA PALABRA EN ARMONÍA.

¡HAS SIDO TÚ! SOLO, TÚ.

EL ALFA Y EL OMEGA EN MI EXISTIR

¡HAS SIDO TÚ! SOLO, TÚ.

EL CULMEN DEL AMOR… EN MI COMUNIÓN.

9- LA SEPARACION

Robert MAXIMILIAM

Cayó, como un rayo en mi alma.

Destruyó, por completo, mi ilusión.

Sentí, morir por dentro

Caí, en estado mortal.

Pensé que era un mal sueño.

Quizás, una horrible, pesadilla.

Cerré y abrí, mis ojos a la vida.

Y lo imposible, era realidad.

¿Qué pasó? ¿Qué sucedió?

¿Cuándo, comenzó a morir nuestro amor?

¿Qué pasó? ¿Qué sucedió?

¿Cuándo, comencé a perderte?

¿Y ahora, quién consolará mi pena?

¿Quién me ayudará a salir a flote?

Me aliviará, este dolor.

¿Y ahora, quién, estará a mi lado?

¿Quién, me ayudará a levantarme?

Me sostendrá en este dolor.

¡Duele! ¡Duele hondo!

Duele tanto que, voy a llorar.

¡Muerde! ¡Muerde fuerte!

Este fracaso sin final.

¡Me cuesta aceptar, esta separación!

¡No concibo aceptar que hoy, sea el adiós!

10- MAMASITA
Robert MAXIMILIAM

¡Mamacita, yo te quiero!

¡Mamacita, te prefiero!

¡Mamacita! Muy, cerquita de mi corazón.

Pegadito a mi pechito.

Sofocando esta pasión.

¡Mamacita, yo te adoro!

¡Mamacita, te imploro!

¡Mamacita!

Que te rindas, a la causa de mi ilusión.

Pegadito a mi pechito.

Sofocando esta pasión.

¡Mamacita, mi cosita rica!

¡Mamacita, mi agua bendita!

Mamacita, yo te pido, tu bendición.

Mamacita, yo te pido:

Ser, consentido, sin condición.

Dame de beber

De tu agua bendita.

Dame de comer

De tu cosita rica.

Aliméntame: el alma y el cuerpo,

Sino, voy a desfallecer.

¡Mamacita, mi cosita rica!

¡Mamacita, mi agua bendita!

Mamacita, yo te pido: Tu bendición.

Mamacita, yo te pido: me des tu amor.

11- MARIPOSAS

Robert MAXIMILIAM

Mariposas
Hay en el alma
Que vuelan sin parar
Cuando, tú me ves.

Mariposas
Son las que tengo yo
Musitando amor
Al oír, tu voz.

MARIPOSAS
COMO ROSAS
QUE ILUMINAN
MI CORAZÓN

MARIPOSAS
COMO DIOSAS
QUE ESTÁN REINANDO
EN MI ILUSIÓN

Sólo, son: mariposas
Que revolotean
En mi interior

Sólo, son: mariposas
Que están mimando
Mi corazón

12- ME ILUSIONASTE

Robert MAXIMILIAM

Con tus besos encendiste una llama
Que creía apagada y extinguida;
Con tus manos, me llevaste, hasta, el puerto
De tu almohada, de tu cama;
Y en una rama, me has dejado: colgado,
Sin tu aroma…enamorado.

Con tu voz me enamoraste la razón
Y el corazón, sin darme cuenta.
Con tus ojos, me embrujaste la vida,
Sin medida, cada día.
Y en una rama, me has dejado: colgado,
Sin tu aroma… enamorado.

Me ilusionaste el alma
Y me subiste a lo más alto;
Me ilusionaste el verso
Y me pintaste, otro beso;
Me subiste, en la barca de tu locura
Y en tu aventura… me perdí.

¡Y ahora, estoy aquí!
Magullando mi desolación.
¡Y ahora, estoy aquí!
Repitiendo tu canción
¡Me estoy, quemando!
Consumiendo a fuego lento
En las cenizas… de tu amor.

13- MI APUESTA EN EL AMOR
Robert MAXIMILIAM

¡Yo, te amaré!
Hasta, el fin de mis días
¡Yo, te amaré!
Sin principio ni final

¡TE AMARÉ!
CON TODAS LAS FUERZAS
QUE PERMITE MI CORAZÓN.
¡TE AMARÉ!
POR SER LA APUESTA
DE MI CORAZÓN,
DE MI AMOR

¡Yo, te amaré!
Con ternura y fantasía.
¡Yo, te amaré!
Sin pasado y por la vida

¡TE AMARÉ!
EN MI DELIRIO Y DEVOCIÓN.
POR AMOR... ¡TE AMARÉ!
POR SER, LA APUESTA
DE MI AMOR.

¡Yo, te amaré!
Cómo, se ama de verdad
¡Yo, te amaré!
Sin secretos y por la eternidad

¡TE AMARÉ!
COMO MANDA EL AMOR,
CON CARIDAD.
¡TE AMARÉ!
CON TODO, MI SER,
SIMPLEMENTE, POR AMOR.

14- MI DULCE INSPIRACION

Robert MAXIMILIAM

Mi inspiración.

Mi dulce inspiración.

Mi inspiración.

Mi dulce inspiración.

Una hermosa, canción de amor.

Una oración sentida del corazón.

Un grito de amor de Dios.

Una luz en la oscuridad.

MI INSPIRACIÓN

MI DULCE INSPIRACIÓN

Es la libertad de la palabra,

Es la verdad en un mirar;

Es la humildad de un corazón,

Es el amor en solidaridad.

MI INSPIRACIÓN

MI DULCE INSPIRACIÓN

Es ver el sol por la mañana,

Es el aire, tocándome, la frente;

Es la voz del corazón,

Es el amor... por la vida.

MI INSPIRACIÓN

MI DULCE INSPIRACIÓN

Es la lluvia en la ventana,

Es un atardecer sobre la playa;

Es la luna enamorada,

Es la fe…en un, mañana.

15- MELODIAS DEL TIEMPO
Robert Maximiliam

Escribo, atrapando primaveras,
Que vuelan, en el cielo de mi tiempo.
Me atrevo a soñar entre quimeras,
Mariposas de neón en mí, desierto.

SON MELODÍAS
QUE SEDUCEN MIS CIMIENTOS
SON MELODÍAS
QUE ATRAVIESAN MIS DESIERTOS
SON MARÍAS
ACOGIÉNDOME EN SILENCIO.

SON MELODÍAS
QUE ME LLEVAN EN UN CUENTO
SON MELODÍAS,
ARCO IRIS, EN EL VERSO DE MI MENTE
SON DEIDAS,
BELLAS MUSAS EN MIS VIENTOS.

Canto llantos que se atreven a penar,
Versos nuevos con miradas de un ayer.
Soy jilguero que, de nuevo
Ha querido amanecer.

DESCRIPCION DEL ESCRITOR

Robert Maximiliam

Salvadoreño de nacimiento y escritor por vocación. Desde muy joven, tuvo en sus manos y en sus sueños, la palabra como compañera de cuna. Inspirado por el romanticismo evocado por los cuentos y leyendas; motivado por la dedicación, el esfuerzo y la lírica del verbo jugando con la verso. La palabra se hizo verso, el verso, melodía; la melodía alas blancas y con ellas, se lanzó al vacío de su poesía. La narrativa romántica se volvió, parte de su vida diaria y comenzó a soñar. Nació libre en su palabra y en su contenido.

OTROS POEMARIOS

EN EL AMPARO DE TU AMOR
EN EL SILENCIO
UN BRINDIS POR AMOR
ENTRE MUSAS Y BURBUJAS
I LOVE MONTREAL
VOCES DE UN PUEBLO TRISTE
MAL DE AMORES
A MI AMIGO DE SIEMPRE
A TRAVÉS DEL CRISTAL DE MIS OJOS

www.ingramcontent.com/pod-product-compliance
Lightning Source LLC
Chambersburg PA
CBHW030012040426
42337CB00012BA/751